El Co

Mejía

ción

Andrea del Pilar Acevedo Mejía

El Coaching Ontológico Aplicado al Proceso de Aculturación

Caso de residentes extranjeros en Argentina

Editorial Académica Española

Imprint

Any brand names and product names mentioned in this book are subject to trademark, brand or patent protection and are trademarks or registered trademarks of their respective holders. The use of brand names, product names, common names, trade names, product descriptions etc. even without a particular marking in this work is in no way to be construed to mean that such names may be regarded as unrestricted in respect of trademark and brand protection legislation and could thus be used by anyone.

Cover image: www.ingimage.com

Publisher:
Editorial Académica Española
is a trademark of
International Book Market Service Ltd., member of OmniScriptum Publishing Group
17 Meldrum Street, Beau Bassin 71504, Mauritius

Printed at: see last page
ISBN: 978-620-2-25758-9

Copyright © Andrea del Pilar Acevedo Mejía
Copyright © 2018 International Book Market Service Ltd., member of OmniScriptum Publishing Group
All rights reserved. Beau Bassin 2018

Axón Training 2017

Coaching ontológico aplicado al proceso de adaptación cultural de residentes extranjeros en Argentina

INDICE

1. Tema a abordar - 3
2. Aspecto a investigar - 6
3. Marco teórico - 8
4. Hipótesis y objetivos
5. Desarrollo - 17
6. Conclusión - 46
7. Bibliografía - 50

TEMA A ABORDAR

Para completar la formación en coaching ontológico se debe realizar una tesina o monografía, y yo he elegido un tema del que puedo hablar en mi experiencia personal y por ende aportar en él para otras personas que se encuentren en la misma situación. Se trata del proceso de aculturación por el que pasa una persona extranjera cuando decide vivir en Argentina ya sea por un tiempo, indefinidamente, o para siempre.

Soy colombiana y vivo en Argentina hace más de dos años, y uno de los aspectos que más me impresionó en mis primeros días en Argentina es la cantidad de extranjeros de todas las razas y colores que viven en Argentina, y posteriormente, en la etapa investigativa previa a este texto, me sorprendió quizás aún más, el hecho de que no hay un estado del arte amplio acerca del tema, es decir, las investigaciones acerca de la convivencia o proceso de aculturación de los extranjeros, ha sido pequeña, incluso nula, mucho menos existe un aporte desde el coaching ontológico, de manera que la investigación a desarrollar será única y diferencial.

La poca bibliografía que existe al respecto, será tomada en cuenta en su totalidad, ya que se trata de dos textos únicamente. Y ante todo, el aporte será, como lo he dicho, mi experiencia personal desde la cual se irá entretejiendo el aporte del coaching ontológico al proceso de adaptación cultural de extranjeros en Argentina.

Durante los primeros meses o incluso años, en el proceso de aculturación, el extranjero se puede sentir muy desubicado: puede sentir que no encaja en la nueva sociedad a la que llegó; puede padecer sinnúmero de frustraciones y desencuentros en su experiencia en otro país; y ocurre, que muchos extranjeros que viajaron para quedarse cinco, seis años o más, deciden en los primeros meses devolverse a su país y desistir del viaje que habían programado.

Factores sociales como la búsqueda de empleo y la mala o ineficiente adaptación al entorno son algunas de las razones por las que algunos extranjeros desisten de su residencia en Argentina. Aunque la búsqueda de empleo sea un tema clave en cuanto al estudio del proceso de aculturación de un extranjero en cualquier país, no estudiaremos ese tema en tanto factor económico, pues excede la competencia del coaching.

En cambio, nos importa el proceso a nivel interno que vive la persona en cuanto a la aculturación –así lo llama la psicología y la sociología-, proceso dentro del cual tendremos en cuenta todos los aspectos sociales, culturales que padece un residente extranjero durante su adaptación en y a Argentina. Es decir, miraremos el factor económico pero no por sí solo sino en tanto la afectación que puede causar en la persona. No sólo operaremos de esta forma con respecto al tema del empleo, sino con respecto a cualquier otro tema que pueda afectar durante el proceso de aculturación. Principalmente, se abordará la investigación con respecto a los extranjeros que vienen a ser estudiantes en Argentina, ya que la presencia de extranjeros en el país austral es tal que habría que dividirla en poblaciones grandes, sólo para poder analizar el fenómeno.

La persona que llega a otro país, denominado como el "huésped" en la terminología sobre el tema, debe afrontar grandes cambios culturales y esto le trae conflictos internos en sus emociones y forma de ver el mundo. Su cultura, creencias, ideas y manera de expresar emociones, vienen dados por su origen, de manera que al llegar a una cultura diferente va a haber una especie de choque con la cultura de acogida.

El huésped debe, poco a poco adaptarse a esa nueva cultura, tal proceso se denomina aculturación y si no se sabe llevar, puede ser negativo; y bien llevado puede ser positivo. A lo que me dirijo con este desarrollo es a aportar una herramienta útil para personas que están en su proceso de aculturación o que próximamente van a migrar a otro país, o a la Argentina, con el fin, de apoyar a que su proceso de aculturación sea beneficioso, y que los aspectos difíciles sean llevaderos con mayor facilidad, de forma que el huésped logre aculturarse para su beneficio y el de su entorno.

Aspecto a Investigar

¿De qué manera el coaching ontológico puede apoyar a una persona en este proceso satisfactoriamente?

Mi intención con este texto es brindar una guía que sea apoyo concreto a personas que estén pasando el proceso de aculturación y que quizás puedan estar experimentando el estrés, soledad y angustia antes descritos.

Personalmente he pasado por el proceso de aculturación y conozco por mi propia experiencia lo difícil que puede ser, los retos que trae, las emociones encontradas, de ansiedad, de novedad de construir proyectos, y al mismo tiempo, la duda, el miedo, la soledad, el no tener familia en el país es un gran aspecto negativo. Decidir viajar a otro país ya sea para estudiar o para encontrar oportunidades laborales, o por razones muy personales como era mi caso, implica un rediseño del proyecto de vida de la persona

Cuando llegué a Argentina, uno de los aspectos más chocantes es el lenguaje, ya que en Argentina se habla el español austral y en mi país, hablamos el español del trópico, y tienen entre sí, diferencias de conjugación de los verbos, y obvio, como con todas las regiones del mundo ocurre, hay palabras que sólo tienen sentido en Argentina y palabras colombianas que sólo en un contexto colombiano se pueden entender.

Es muy curioso que sin saberlo, fui viviendo una a una las distinciones más importantes del coaching, al tiempo que hacia mi proceso de aculturación en Argentina. Al principio fue algo que sólo tenía que ver con el aspecto social, , el lenguaje era diferente, se hacía algo agradable para la mayoría de la gente, sin embargo, mi llegada a Argentina estuvo marcada por una crisis personal, de modo que me afectó mi forma de ver y me pareció todo mucho más molesto, o quizás, para otras personas es igual, no lo sé, ya que solo tengo mi propia experiencia, más entrevisté a algunos conocidos para acrecentar los aportes de esta cartilla.

Lo que sí puedo hacer, es aportar las herramientas para que cada quien, (ya que el coaching no determina normas ni conductas, sino que acompaña a cada quien en lo que elija desarrollar), mire su caso personal y tenga de donde construir estrategias y nuevas maneras de comprender la realidad, con la intención de obtener bienestar y una mejor estadía en el país de acogida.

Aportaré varias distinciones del coaching ontológico que resultan beneficiosos para mejorar el proceso de aculturación, y también un ejercicio para la toma de decisiones.

Marco Teórico

El tema de la aculturación ha sido muy estudiado por la psicología, y por ende, usaremos las referencias más tradicionales de esa disciplina para tener una visión general de los conceptos clave sin ahondar en disputas ni cuestionamientos propios de tal disciplina, ya que el objetivo principal de esta cartilla es aportar una aplicación concreta al tema desde la mirada del coaching ontológico, más no se trata de una teorización ni profundización en los conceptos intelectuales.

Veremos entonces los términos claves que usaremos del tema de la aculturación, y así mismo ahondaremos en las distinciones del coaching y los aportes que desde la visión del coaching podemos elucidar.

Adaptación Cultural:
Los estudios de las disciplinas afines han definido la adaptación cultura así: La Adaptación sociocultural se puede comprender como un proceso de aprendizaje social y se asocia al tiempo de residencia, a la distancia cultural existente y la cantidad de contacto con los miembros de acogida. Dependiendo de ello, va a ser más o menos dificultoso la adaptación a la nueva cultura (Zloblina, Páez & Gastéis 2004).

Los extranjeros dejan su cultura de origen y se encuentran inmersos en una nueva cultura con normas, valores y costumbres que no reconocen como propias, además, tienen que hacer el esfuerzo de adaptarse. (Zloblina, Páez & Gastéis 2004). En otras palabras, la adaptación cultural es el proceso que se refiere a la adaptación del individuo, en caso de adaptarse o no en su nueva cultura.

Aculturación:

El autor Berry define (1980) a la *aculturación* como un proceso dinámico que ocurre cuando dos grupos culturales autónomos están en contacto constante, donde uno y otro buscan provocar un cambio hacia una o hacia ambas cultura, ocurre a nivel grupal e individual. Este proceso siempre está acompañado de reacciones psicológicas y emocionales.

Es decir, a diferencia de la adaptación cultural, la aculturación es una dinámica de ambas partes, tanto para quien llega como para quienes acogen o su entorno. En cambio la adaptación cultural es el proceso por el que transita el huésped.

Dentro del concepto de dinámica de aculturación, los autores han definido cuatro estrategias como las más representativas en la dinámica de la aculturación, a saber:

- La *asimilación* se da en casos donde no se desea mantener la identidad cultural y se busca el acercamiento a la sociedad anfitriona. Es una estrategia de abandono de la cultura de pertenencia.

- La *separación* es el resultado de la actitud negativa hacia el contacto con la cultura huésped y un apego constante a la cultura de origen, se rechaza la cultura nueva.

- La *integración* es la estrategia donde se mantiene la cultura de origen y se incorpora la nueva, logrando una identidad bicultural.

- La *marginalización* corresponde al rechazo de la cultura de origen y

    También la cultura huésped (Berry, 1980).

Tomaremos, como objetivo la *integración*, ya que es la que se entiende como la más beneficiosa, donde el huésped conserva su identidad originaria y aprovecha satisfactoriamente su interacción con la cultura de acogida, creando además un entorno agradable para las personas que lo rodean en esa cultura de acogida.

Es importante señalar, como dice Cheng, 1989, que todo emigrante se ve sometido a una serie de procesos de duelo tras el fenómeno migratorio debido a la pérdida de dos elementos muy significativos en su vida como son: en primer lugar *la familia extensa y los amigos*, que generalmente permanecen en el lugar de origen y que constituyen su red social fundamental. En segundo lugar *la identidad nacional*, representada por el idioma, la cultura, el grupo étnico y el estatus social.

Este desprendimiento de su contexto, o duelo, puede causar emociones de soledad, angustia, abandono propio, y afectan al huésped en cuanto a la imagen que tiene de la cultura de acogida. Cada persona es muy diferente y según su personalidad y costumbres, a algunos les será más fácil o difícil la adaptación social.

En el caso de estudio, además, tenemos a favor, que Argentina es un país hispanohablante y con una cultura relativamente similar a por ejemplo la colombiana, o venezolana. Al menos el choque cultural es menor que si yo me hubiera ido a la China o a Japón, no solo porque hubiera tenido que adaptarme a la lengua (y haberla adquirido previamente) sino que las costumbres son totalmente diferentes. En Argentina en cambio, podemos decir que el choque cultural es menor, sin embargo, hay choque cultural por las diferencias en el uso de la lengua y las estructuras mentales, como veremos próximamente.

Como vemos existen diferentes factores que influyen en el proceso de aculturación:

- *Semejanza de las culturas*: puede facilitar la adaptación, ya que minimiza el shock cultural.
- *Receptividad de la cultura anfitriona*: puede variar desde abierta y receptora hasta claramente cerrada y xenófoba.
- *Edad y la personalidad del individuo*: influye en su adaptabilidad al cambio y en los mecanismos de afrontamiento que debe utilizar (Salazar Salas, 2003).

Estrés por aculturación

La adaptación cultural es un proceso complejo, en el cual influye una gran cantidad de variables, y puede dar lugar a diferentes resultados. Dentro del modelo de abordaje individual se ha desarrollado el concepto de *estrés por aculturación*.

El estrés por aculturación aumenta cuanto peor es la adaptación. En este proceso tiene gran influencia el modo de afrontar los sucesos estresantes, los rasgos de carácter, las experiencias y el apoyo social recibido. El grado de apoyo social que logren en el país de acogida, disminuye el estrés aculturativo y por lo tanto permite una mejor adaptación cultural. Pero, es sabido que no es sencillo para los inmigrantes entablar relaciones de amistad con los miembros de la cultura huésped (Moghaddam, Taylor & Wrigth, 1993).

[...]Cuando las presiones para asimilarse, la falta de competencia intercultural, o la discriminación se percibe como superior a la capacidad del sujeto para hacer frente, conduce a una percepción subjetiva de estrés y a emociones negativas. Un adecuado acompañamiento desde el coaching ontológico puede aportar a transformar esta percepción de estrés por una percepción más adecuada. Al fin y al cabo, como dicen Ward y Kennedy (2001): el contacto cultural es uno de los eventos estresantes más importantes en la vida de un sujeto. De forma que ha sido un tema quizás olvidado, y hay mucho por aportar desde el coaching y áreas afines.

El proceso de adaptación cultural, es difícil porque pone a individuos con valores, costumbres y prácticas no usuales e incluso chocantes en contacto diario. Dice Varela que de las razones por las que emigran son diversas pero existe un evento que es común a todo tipo de inmigración y es la necesidad de integrarse a un ambiente biopsicosocial, ecológico y cultural diferente al original. En el caso colombiano, migrantes ante todo estudiantes por todo el mundo, demuestran esta afirmación. La violencia, falta de oportunidades y los elevados costos de la educación privada en Colombia, son quizás, los principales factores por lo que tantos colombianos buscan un nuevo lugar donde desarrollar sus proyectos y su vida misma.

En Argentina, la población colombiana asciende todos los meses y ya es tan notorio que está empezando a ser un fenómeno de estudio. Para los estudiantes internacionales la formación de grado o similar, puede resultar estresante, ya que a diferencia de los estudiantes nativos, tienen que desarrollar la competencia bicultural: adquiriendo una cultura diferente, mientras sostienen sus propios valores, tratan adaptarse a los desafíos prácticos, interpersonales y emocionales que encuentran en el país de acogida (Mori, 2000). Es decir, el estudiante extranjero se encuentra sobre cargado de logros por alcanzar, además de sus estudios, debe adaptarse a la cultura, como resultado, muchos estudiantes internacionales han experimentado *estrés por aculturación*.

Los estudiantes extranjeros en la Argentina

La cantidad de estudiantes extranjeros en la Argentina se duplicó en los últimos años. Según datos del Ministerio de Educación, actualmente hay más de 23.700 alumnos en las universidades locales, mientras que años anteriores no superaban los 10.000. Lo que ubica al país en el cuarto lugar en el continente americano, detrás de Estados Unidos, Canadá y Uruguay (OEI). En el último tiempo, nuestro país se está convirtiendo en receptor de estudiantes extranjeros latinoamericanos en su mayor parte, y en menor proporción de estudiantes anglosajones, en parte por ello, se debe dar gran relevancia a este tema (Filmus, 2007).

Usualmente, los estudiantes extranjeros evidencian dificultades en su rendimiento académico, en su proceso de aculturación a la cultura huésped y en el contacto social con los pares (Ward, 2004). Es por ello que resulta fundamental que la recepción de un gran número de estudiantes extranjeros esté acompañada de los estudios necesarios para conocer las particularidades de este proceso en la Argentina y favorecer una mejor adaptación cultural. Un estudiante que en su momento clave de adaptación cultural que es acompañado por un coach en sesiones personales, logrará completar sus requisitos académicos con mayor facilidad y por supuesto, beneficiarse emocionalmente del proceso.

DESARROLLO

El coaching ontológico plantea "distinciones" que son formas de diferenciar una experiencia de otra, una que abre puertas y posibilidades; y una que cierra puertas y posibilidades... por ejemplo el miedo: el miedo puede ser beneficioso o dañino, sí es que estamos hablando del miedo cuando te persigue un perro rabioso y es el miedo lo que te hace correr, es justamente el miedo lo que te está apoyando y resulta beneficioso, ese miedo, fue un miedo que abrió posibilidades en vez de cerrarlas. Pero si el miedo ocurre frente a una emergencia, un terremoto o cualquier otro evento de peligro y congela a la persona y le impide correr, alejarse o incluso pedir ayuda, decididamente podemos decir que el miedo le cerró posibilidades que eran vitales en ese momento.

Pero abordemos la cuestión más detenidamente, ¿Qué es y para qué sirve una distinción de coaching?

La distinción es un uso del lenguaje que tenemos inconsciente, y lo que hace es diferenciar, discernir una cosa de otra, por ejemplo, por cultura tenemos la distinción de las nacionalidades contemporáneas, pero si estuviéramos en otra época esa distinción sobre las nacionalidades sería acorde con ese momento histórico; ahora hablamos de Rusia, Croacia, Yugoslavia..., y en otro tiempo hubiéramos hablado de la Unión Soviética, ahora hablamos de Colombia, Venezuela, Panamá, y en otra época nuestra distinción sería la Gran Colombia como un solo país diferenciado de los otros países de la época, y así en más casos....

Tenemos distinciones de muchísimas clases de manera inconsciente, por ejemplo sobre los colores, los sabores, lo que debe usar una mujer, lo que debe usar un hombre según nuestra cultura, pero la cuestión es que podemos tener distinciones logradas por nosotros mismos, y no tenemos que quedarnos con las que nos dieron y mantenemos inconscientemente, es posible adquirir nuevas distinciones que me abran posibilidades!!!

Tal es el caso del ejemplo del miedo, ya que por lo general consideramos al miedo como algo malo, y por hacer el ejercicio de distinguir entre lo que abre posibilidades y lo que las cierra, podemos ver que a veces el miedo resulta adecuado, por si queda duda de que el miedo también es algo que me puede funcionar muy bien, basta con pensar en cualquier situación de peligro, donde el miedo fue lo que hizo que te protegieras y te alejaras de ese peligro: una calle oscura, el pasar la calle sin esperar la luz del semáforo...en fin, hay muchas ocasiones que nos muestran que en efecto el miedo puede ser también algo que me abre posibilidades y me resulta beneficioso.

Pero continuemos, recordemos que abrimos el tema del miedo, solo para ejemplificar lo que es una distinción, en resumen, una distinción es ese ejercicio de distinguir una cosa de otra y podemos usarla para crear nuevas distinciones y así, nuevas posibilidades.

La distinción es un uso del lenguaje y que se aloja en la mente, vemos entonces que la mente está permeada por lo aprendido, vayamos más a fondo!

El coaching ontológico entiende al ser humano como un sujeto lingüístico, un sujeto que *se hace* en el lenguaje, *No existe otro camino que el del lenguaje; fuera del lenguaje no existe un lugar en el que podamos apoyarnos. Los seres humanos vivimos en un mundo lingüístico. (Echeverría, P.32)*. El ser humano en tanto ser lingüístico es una construcción de su cultura, no se debe a sí mismo, sino al contexto en el que fue criado, sus estructuras mentales, valores, creencias, ideas... le formaron distinciones y estas van a estar permeadas por la cultura de la que proviene cada sujeto. *Como dicen los miembros del pueblo Xhosa de Sudáfrica, «soy porque somos». Los individuos son generados dentro de una cultura lingüística dada, dentro de un sistema de coordinación de la coordinación del comportamiento dado, dentro de un lenguaje dado, dentro de una comunidad. (P. 35)*

La observación que llevamos a cabo, los seres humanos, de nuestro entorno, se debe a las distinciones que poseemos. Sin la distinción "mesa" no puedo observar una mesa, y no podría distinguirla de un pupitre o de una mesa baja. Todo lo que observamos en el exterior viene estructurado, clasificado, permeado por mis estructuras mentales, distinciones o mapa mental, (la programación neurolingüística se refiere a esto como el mapa mental y a los hechos externos como al territorio).

A lo largo del planeta, con la diversidad cultural que tenemos, podemos ver ejemplos muy claros: los esquimales pueden observar más distinciones de blanco que nosotros. Prácticamente la cantidad de tonalidades que el vendedor de pinturas te puede ofrecer, los esquimales lo ven de manera instantánea, acostumbrada en su cotidianidad. Fueron enseñados desde recién nacidos y toda su infancia, en una tradición de distinción de las tonalidades de blancos muy refinada y diferente a la nuestra. *La diferencia que tenemos con ellos no es biológica. Nuestras tradiciones de distinciones son diferentes. Por lo tanto, la pregunta ¿Cuántos tonos de blanco hay realmente allí? sólo tiene sentido en el contexto de una determinada tradición de distinciones. (Echeverría P. 43)* La verdad o la realidad, termina siendo algo condicionado y relativo.

Dice ante este tema, Echeverría, (de los primeros exponentes del coaching ontológico y formador)

> ¿Quién tiene razón? ¿Quién está equivocado? ¿Quién está más cerca de la realidad? ¿La persona que tiene las distinciones? ¿O la persona que no las tiene? Estas preguntas sólo tienen sentido para las personas que comparten el mismo conjunto de distinciones. Desde este punto de vista, es válido decir que vivimos en un mundo lingüístico. Las afirmaciones se hacen siempre dentro de un «espacio de distinciones» ya establecido.
> (Echeverría, P. 43)…

La única descripción que hacemos es la de nuestra observación, no la descripción de la realidad. O como se dice usualmente en coaching y áreas afines: "no vemos las cosas como son sino como somos". Si yo hubiera nacido en Afganistán, seguro tendría distinciones muy alejadas de las que tengo ahora en muchísimos temas, como nací en Colombia, mi estructura mental fue permeada por distinciones de mi cultura y me acompañan inconscientemente. A mis ojos se manifiesta inusual y feo, costumbres como el uso de la burka islámica, pero sí hubiera nacido en un país musulmán, en una familia ortodoxa, seguramente me parecería adecuado y lo usaría con gusto.

¿Qué es la realidad desde la mirada del Coaching Ontologico? ¿Nuestra observación solo depende de los mandatos culturales, sociales, familiares?

La manera en que vemos, puede afectarnos en nuestras relaciones sociales, pues no es lo mismo relacionarte con quien consideras normal y te sientes en comodidad para compartir, que relacionarte con una persona o un grupo que te parece raro, o que sus costumbres quizás puedan parecerte molestas. También puede pasar lo contrario, y es que precisamente por tratarse de una persona o grupo de costumbres diferentes, te llame la atención compartir con ellos y lo disfrutes, todo depende de la personalidad de cada quien y del contexto en el que se da la aculturación.

Seguramente, habrá culturas con las cuales, se nos genera un choque cultual más fuerte, como es el caso puesto por ejemplo, de las culturas islámicas, sobre todo las ortodoxas conservadoras, porque vemos sus costumbres como despiadadas, inmorales e incluso las tratamos como delitos. Más todo depende del punto de vista desde donde se mire la situación.

Durante el proceso de aculturación, la persona huésped experimenta una sensación de extrañeza frente a su entorno lingüístico, en cuanto a que la cultura de acogida se le manifiesta extraña, extravagante e incluso (o no) en algunos aspectos, desagradable. Tal es el caso con el español de argentina que para los colombianos, venezolanos y muchos otros latinos, nos resulta en principio feo o raro, un tanto desagradable por la conjugación diferente y "tosca", palabras como "decile", en vez de "dile" o expresiones como " descubrí, salí, subí" que en el lenguaje de argentina significa un tiempo futuro inmediato, una invitación para la segunda persona, y para nosotros sería pasado en primera persona por las tildes y la conjugación; o expresiones como "subir arriba" o, "bajar abajo" usuales en muchas personas en Argentina, y para nosotros risibles por la evidente redundancia que tienen; en nuestros países quienes hablan así son los niños pequeños y son corregidos por quienes los oyen decir así. Me consta personalmente que incluso personas con carreras universitarias suelen decir estas redundancias, incluso mi extrañeza fue enorme cuando mi profesor de Programación Neurolingüística habló así en una de mis primeras clases. Hice lo peor que se puede hacer, ¡lo corregí! No está bien hacer eso porque al hacerlo yo estoy dejando en evidencia que considero como un error, como algo "malo" su forma de hablar, y eso incomoda a esa persona y también a mí porque el ambiente se pone un poco tenso.

Posteriormente comprendí que aunque a mí siempre me va a sonar gracioso, entre eso y tildar la cuestión de algo malo hay una diferencia, una cosa es que a mí me parezca gracioso y otra que acuse a esa persona de hablar mal el español. La diferencia es que una cosa es tildar de algo malo, lo que decimos usualmente cmo "juzgar" y otra cosa es diferenciar que ese es el uso del lugar donde estoy y no hay por qué burlarse porque sería grosero hacerlo, si es que quieres un contexto social agradable a tu alrededor quizás te resulte beneficioso tener en cuenta esta distinción que inmediatamente planteo.

Distinción entre "enjuiciar" y "distinguir" (Juicio y Distinción)

El coaching ontológico nos habla sobre la distinción entre "juicio" y "afirmaciones". Las afirmaciones son descripciones objetivas (al menos dentro del consenso social presente), no hacen parte del individuo únicamente sino que son descripciones de un hecho externo, por ejemplo: la hora, o "está lloviendo" cuando en efecto está lloviendo, "el vaso está sobre la mesa" cuando en efecto está allí, así que pueden ser verdaderas o falsas, porque yo puedo decirle a alguien que está buscando las llaves: "están sobre la mesita de luz" y si no estaban allí pues era falsa mi afirmación.
Los juicios, en cambio, no hacen parte del consenso social de por sí, sino que le pertenecen a la persona que lo formula, no describen un hecho, sino una idea acerca de algo o alguien, por ejemplo: "Luisa no sirve para trabajar en

equipo" o "esa institución es mala", también hay juicios positivos, por ejemplo " Mateo es un gran vendedor" o "esa universidad es la mejor del país", son ideas de alguien que a veces pueden ser cuestiones fundadas o ser infundadas.

 Se refieren al pasado pretendiendo referirse a hechos más no necesariamente, ya que a veces, los juicios al ser infundados no tienen evidencias que los demuestren sino que se tratan solo de prejuicios, como decíamos antes en el ejemplo "Luisa no sirve para trabajar en equipo" seguramente es un juicio de algún compañero con quien tuvieron alguna discusión, no hay evidencias de que Luisa no sirva para trabajar en equipo durante toda la eternidad y en cambio es una condena que se le intenta poner sobre esa persona al juzgar eso, no se puede considerar que ese juicio describa la realidad, solo describe la apreciación que tiene en su mente la misma persona que pone el juicio, por mucho, ese juicio ante la evidencia de alguna pelea que hayan tenido o lo que haya ocurrido, nos habla de otras cuestiones que tiene él en la cabeza pero no se puede afirmar que Luisa no pueda nunca en la vida trabajar en equipo, quizás no haya tenido buenos resultados ne su trabajo en equipo y en ese caso lo acorde es decir que debe mejorar sus habilidades… pero no que no pueda nunca trabajar en equipo; sin embargo también hay juicios fundados, en la frase "Mateo es un gran vendedor" si es que hay evidencias, por ejemplo de sus ventas de varios meses o años anteriores y se está hablando dentro de un contexto en el que debe considerarse cual sea el mejor vendedor para una nueva negociación, presentando las evidencias de que en efecto Mateo vende bastante bien, podemos decir que ese juicio es fundado.

Cuando una persona huésped en un país de acogida, juzga como negativo alguna cuestión cultural, está confundiendo lo que es una afirmación dentro del contexto social en el que está, con algo juzgable, es decir, por ejemplo:

Al oír que alguien en Argentina dice "subí", el huésped juzga esa expresión como "mala" porque la compara con lo normal en su cultura, pero no está teniendo en cuenta que el contexto en el que está valida esa expresión, es decir, en cada contexto como ya veíamos, reinan las estructuras que son tradicionales y consideradas normales, en Argentina en este caso, es una afirmación de que así se usa el lenguaje y está perfectamente bien dicho decir "subí" en vez de "sube". Es una afirmación implícita porque es algo que hace parte del consenso social y por ende, no es algo que deba ser juzgado ni positiva ni negativamente, simplemente, es así, es el uso que hay en ese contexto.

Todo esas expresiones que se manifiestan al principio extrañas y a ratos desagradables, o también puede ser algo agradable, tierno, curioso...según el oyente (el observador lingüístico), son manifestaciones del lenguaje a las que hay que acostumbrarse y ante todo aprender a valorar como una cultura diferente y no necesariamente "peor" ni "mejor" que la cultura de origen. Este ejercicio de no juzgar algo por ser diferente a lo acostumbrado, es algo característico del coaching. Ya habiendo conocido la distinción entre afirmaciones y juicios, veamos una distinción más que ayudará, a quien si así lo desee, a crear un contexto agradable en tu proceso de aculturación.

Juzgar y Distinguir: Quizás en este punto ya sea claro que una cosa es distinguir y otra juzgar, pero diferenciar con claridad estos dos usos lingüísticos puede apoyarnos también.

El ejercicio de distinguir es algo nuevo para quien recién lee esta cartilla y quiere usar estas herramientas, así que deberá poner atención en su vida cotidiana para no confundir el juzgar con el distinguir. La diferencia más importante, es que el juicio tiende a nombrar algo como "bueno" o "positivo" y a lo otro como "malo" o " negativo". El ejercicio de distinguir en cambio, sólo diferencia dos cuestiones y no pone etiquetas de moralidad ni de "bueno" o "malo" ni "peor" o "mejor", no califica; el juicio sí califica y da un lugar negativo y otro positivo.

Al momento de tener una apreciación o una experiencia que quizás incomode al huésped, puede ser beneficioso que diferencie si eso que está pensando y diciendo acerca de lo que ocurrió o vio, es una distinción o un juicio. Muchas veces sin darnos cuenta damos juicios de cuestiones que no son juzgables, como el ejemplo puesto de la expresión "subí" o muchas otras costumbres como tomar yerba mate todo el día, o salir a broncearse en un parque en plena ciudad en el verano, que para nosotros son tan extrañas en un principio. De ese tipo de cuestiones que dentro del contexto social son normales, no se debe juzgar, sino comprender que así es el uso y que dentro del contexto lo extraño es pensar que eso que hacen sea algo extraño.

Sí aprendemos a diferenciar qué cosas son juzgables y cuáles no, vamos a tener mucho más fácil una estadía agradable, porque a quien le puede servir estar todo el tiempo refunfuñando sobre el lugar en el que está? Claramente no funciona eso para estar emocionalmente realizado y en un estado de agrado. Al contrario, se amargará y al juzgar a las personas por sus costumbres se encontrará con un entorno agresivo o incómodo también para el por cómo le responderán por juzgar las cosas que son consideradas normales. Juzgar no siempre es malo, solo hay que usar el juicio adecuadamente para nuestro beneficio. Los juicios cierran o abren posibilidades, así que yo puedo juzgar para ubicar como "malo" algo que en realidad no quiero en mi vida y tendré confianza en mi decisión y me dirigiré en tranquilidad a esa otra cuestión que ubico como "bueno".

Entonces, ¿Qué cosas son juzgables y para qué y cómo sirve juzgar?

Las cosas juzgables o susceptibles de dar un juicio son las que tienen que ver con una decisión que la persona va a tomar, por ejemplo, ¿a dónde ir de vacaciones? O ¿Qué carrera estudiar y en dónde? O ¿le doy el contrato a esa persona o mejor a aquella otra persona?

Para tomar decisiones de ese tipo debo juzgar que es lo que más me conviene y lo que no, según cada caso, me conviene plantear algunos **criterios de selección**. Por ejemplo, para decidir a dónde ir de vacaciones, evalúo la lejanía del lugar, mis tiempos disponibles, mi dinero disponible para mis vacaciones, el clima del lugar...y mi juicio **debe estar fundado en hechos concretos, evidencias**, por ejemplo el costo que ofrece esta agencia o esta otra más los gastos que pagaré en el lugar, mirar los datos exactos sobre la temporada del clima el lugar, si deberé conducir auto por mucho tiempo por ejemplo, puedo tener en cuenta mis anteriores 2 o 3 vacaciones donde tuve que hacerlo y evaluar si me parece satisfactorio o no. Seguramente aplicando criterios y posteriormente fundando mi evaluación en hechos y evidencias anteriores tendré mucho más fácil la respuesta a qué es lo que más se ajusta a lo que me funciona tomar en mis vacaciones y cual o cuales son las opciones que no me sirvan, por supuesto aplicando **comparación** entre una opción y otra en cada uno de los criterios que he propuesto. Parece algo fácil! Pero hay que usarlo para decisiones un tanto más complejas, como donde estudiar y qué carrera, o si se estudia la carrera en otro país o se permanece en el que se está o si se cambia de ocupación laboral o no.

Ante una decisión de ese tipo, muchas veces las personas entran en crisis y no saben qué hacer, deciden por intuición y es posible que no hayan alcanzado satisfacción en su decisión ni seguridad en sí es lo adecuado o no. Juzgar es una herramienta muy útil para la toma de decisiones, para esas cuestiones mencionadas como dónde continuar los estudios cada quien debe poner sus propios criterios y evaluar las evidencias y hechos concretos para tomar una decisión, es importante que no se usen sin mas los ejemplos de esta cartilla, sino que cada quien cree los criterios y haga la evaluación en base a su caso particular porque nadie más conoce mejor la situación y todas las cuestiones a tener en cuenta, aun así, sean tomados como ejemplos los siguientes posibles criterios para el caso que hemos puesto:

Ejercicio para la toma de decisiones en base a juicio:

Tenemos entonces cuatro cuestiones a tener en cuenta para realizar satisfactoriamente un juicio que nos apoye a tomar una decisión:

1. Criterios de selección
2. Fundamentar en hechos, evidencias, datos concretos

3. Comparar las opciones que tengo en cada categoría y ya tendiendo los datos con qué fundamentar mi juicio.
4. Decido lo que me es más satisfactorio o beneficioso: juzgo lo que "sí" y lo que "no", lo "bueno" para mí, y lo" malo" o que no quiero.

¿Continuar o no, los estudios universitarios en Argentina?
Posibles criterios:
- Lejanía del país de origen (deberá evaluar sí le parece satisfactorio o no)
- Tiempos que le toma culminar la carrera en condiciones reales, no como lo dice el pensum, sino en base a evidencias y hechos concretos, como que al trabajar tiene que estudiar menos materias si es el caso de que esa persona trabaja...
- Dinero que cuestan los estudios, comparando los costos reales de las opciones de donde estudiar.
- Ocupaciones extras al estudio, como hobbies, deportes, salidas...evalúa en qué opciones le son más satisfactorias estas cuestiones.
- Tiempos de trabajo, si al permanecer en Argentina por ejemplo, trabaja y si va a estudiar en otro lugar no lo tiene que hacer, evalúa qué es más satisfactorio.
- Independencia económica, por ejemplo si trabaja en Argentina y en su país no, evalúa qué es más satisfactorio.

- Otras experiencias como ganar amigos, aprender un nuevo idioma, independencia emocional, relaciones sociales o de pareja si por ejemplo al viajar implica perder esa relación o al contrario, mejorarla, o perder un entorno social que ha ganado y considera muy satisfactorio, o recuperarlo,… evalúa todas esas cuestiones…

En cada caso la persona pondrá sus propios criterios y luego fundamentará con base a evidencias y hechos y datos concretos esos criterios para cada opción que tiene de donde estudiar.

Al hacer el ejercicio se está colocando en un lugar de "mejor" a una opción y de "peor" a otra opción u opciones, es un ejercicio para la toma de decisiones en base a juicio, que propongo en esta cartilla, en todas las situaciones donde se deba tomar una decisión puede ser útil primero discernir qué es juzgable y qué no para no caer en prejuicios, y luego juzgar por medio de la selección de criterios y la fundamentación en hechos y evidencia.

Ahora bien, ya hemos ganado distinción de "distinción" y distinción de "afirmación" y distinción de "juicio", y cada cuestión vemos que nos aporta para lograr un entorno la agradable o también para la toma de decisiones, pero sigamos aportando a crear un proceso de aculturación satisfactorio o beneficioso, el coaching ontológico ofrece otras dos distinción más, que puede ser de mucho provecho:

Víctima o Protagonista.

Durante el estado de aculturación la persona puede experimentar la sensación de que ese, el exterior, esa cultura de acogida, es tosca o intolerante, y se identifica a sí mismo como una víctima. Cierto es que según la experiencia de cada persona el proceso de aculturación puede ser algo duro de atravesar o, más bien, un estado de descubrimiento de grandes oportunidades y sensación de crecimiento, o bien, una mezcla de estas dos.

Cada individuo tiene una experiencia única, más ambos casos son una experiencia de aculturación y en ambos casos la persona pasa por transformaciones y adaptaciones con respecto a su entorno. Quizás las persona que atraviesan el proceso de una manera más dura sean los más propensos a apoyarse en las herramientas del coaching, sin embargo quienes vivieron el proceso de manera empoderante, podrán ver en sus propias acciones varias de las herramientas del coaching. Y siendo que fue de manera inconsciente, pueden apropiar esas herramientas de manera consciente, así podrán usarlas en otras situaciones de la vida con mejores resultados cada vez.

La invitación que hago, y nos hace el coaching, es a interpretarnos a nosotros mismos como protagonistas y no cómo víctima. Esta distinción, además de lo que ya expresa la imagen, se trata ante todo, de que la postura del protagonista toma las rienda de su vida, asume como algo propio lo que puede hacer en su vida y en su entorno. Frente a dificultades, busca salidas, opciones, cambia de estrategia, busca herramientas...pero está siempre enfocado en el observador de que es él quien tiene la capacidad de lograr o no lo que quiere en su vida y solucionar lo que no esté funcionando.

La víctima, en cambio, es quien culpa a lo externo, siempre son las otras personas las que tienen la culpa de las cosas, el entorno, la cultura, el lenguaje…lo que sea va a ser lo responsable de los acontecimientos, incluso los propios sentimientos se entienden como algo causado por lo externo, cuando una persona dice: "me hiciste sentir mal" o "esto o aquello me hizo sentir de ésta manera o esta otra" está en observador de víctima, porque cada quien es responsable de cómo se quiere sentir, una cosa es que la otra persona te diga, por ejemplo "estúpido" y otra que tú te sientas mal por eso…también podría darte risa o sentir indiferencia o extrañeza… somos nosotros mismos quienes elegimos cómo sentirnos

Hechos e interpretaciones:

El coaching ontológico hace también la diferencia entre un hecho y una interpretación; un hecho es aquello neutral que ocurre en el mundo externo, como veíamos "el vaso está sobre la mesa" es una afirmación que describe un hecho, el hecho en sí mismo es que el vaso está sobre la mesa.

Una interpretación, es similar a un juicio pero a un nivel más simple. Una interpretación es algo en la mente de quien observa un hecho y se imagina cualquier cosa para explicarla, or ejemplo, "el vaso está sobre la mesa porque la señora no lo recogió", Hay una interpretación que supone por qué ocurre ese hecho, pero quizás está errado, quizás la señora si había recogido todos los platos y vasos y luego pasó otra persona y lo puso allí" o quizás la señora no fue ese día a trabajar… , el marido llega más temprano de lo normal a la casa y la esposa le dice en tono acusatorio "Te fuiste temprano del trabajo!!?" y quizás él fue a recoger unos papeles del trabajo, o va a trabajar desde la casa por acuerdo con el jefe…o en fin.. Las interpretaciones son de la persona que observando un hecho intenta explicarlo imaginándose la causa en vez de indagar primero.

La distinción de hechos e interpretaciones, nos sirve para salir de la posición de víctima, ya que podemos entender que la otra persona al decir algo que quizás te pueda incomodar o te sientas acusado, podemos comprender que esa persona lo dice desde su observador, más que eso no es ninguna verdad, simplemente su punto de vista, alterado por sus emociones de momento y quizás incluso confusiones basadas en interpretaciones pasadas… El observador que podemos tener desde la posición y distinción de protagonista es muy empoderante, porque desempodera todo lo externo que ocurra a tu alrededor y que en otros casos te podría haber afectado. Te invita a entenderte a ti mismo en todo momento y a salir, a saltar de la posición de víctima cada vez que hayas vuelto a ella.

Por supuesto que no es tan fácil estar siempre en observador de protagonista, es un reto, pero es algo sumamente útil, así que más nos vale darle el lugar e importancia que esta distinción nos merece.

Ahora bien, ¿con qué logro salir de la posición de víctima?

El Quiebre

El quiebre en coaching ontológico es ese momento de rompimiento entre un estado de transparencia y otro. La transparencia se entiende que es el estado en el que actúo de manera automática sin darme cuenta; por ejemplo, en observador de víctima, o enjuiciando. La transparencia se refiere a un estado que yo no "veo" pero estoy en él, se refiere a estar desprevenidamente en un observador o estar siendo que se convirtió en algo tan "propio" o "natural" que no me doy cuenta, por eso se dice que es transparente, porque no lo veo.

Para pasar a un observador nuevo, es necesario hacer consciencia de esa transparencia y hacer un quiebre, ese rompimiento entre un estado y otro. Para hacer un quiebre es necesario que la persona decida esto, es decir, un quiebre se elige, se busca: se declara. Al declarar un quiebre elijo pasar de un estado a otro, por ejemplo, elijo pasar de víctima a protagonista. El extranjero que se encuentra en su proceso de aculturación y se da cuenta de que se encuentra en un estar siendo de víctima ante un entorno que percibe "raro" o "feo", puede elegir el quiebre para pasar a un estar siendo de protagonista, en el que puede crear nuevos espacios y relaciones y ante todo su mismísimo estar siendo.

Logro de Objetivos

Una vez declarado el quiebre, debo gestionar acciones, porque de nada sirve decir que quiero esto o aquello y no dirigirme a conseguirlo en concreto, entonces lo que debo hacer es gestionar acciones, concretar actividades en tiempos y espacios específicos que van en pro de lograr mi objetivo.

Si la persona en proceso de aculturación o que quiere es pasar de un estar siendo víctima (de emoción de soledad, angustia...) a un estar siendo de protagonista (en emociones de triunfo, reto, alegría...) lo que le sirve hacer es realizar acciones y actividades concretas que sean acordes con eso que quiere generar. Entonces cada persona en su caso hará su gestión de acciones, unos podrán decir que el futbol les ayuda a sentirse alegres, otros, un curso de cocina; algunos dirán que prefieren tener un gran grupo de personas con quienes salir a bailar y beber, otros dirán que lo que les sirve es asistir a una iglesia cristiana porque es donde se sienten acogidos…. La experiencia de cada quien es válida porque es su observador, lo importante es que sea ya el observador de protagonista y no el de víctima.

Ejemplos de gestión de acciones y guía

Gestionar acciones

La gestión de acciones no solo es una lluvia de ideas de cosas que quieres hacer, es importante que tengan un tiempo para desarrollarse y que te dirijas a cumplir esos tiempos que propones, para que las expectativas de lo que quieres alcnazar sean cercanas o incluso mejores a lo que consigues con hacer la gestión de acciones y sobre todo a cumplirla.

- Ingresar a un equipo de futbol (ya tengo el dato del equipo de futbol), desde este mes y practicar al menos una vez a la semana, para mejorar mi salud y pasarla bien con lo que me gusta.

- Tomar un curso de un baile nuevo para conocer más gente con mis mismos gustos, esto lo hago desde este sábado con el dato concreto del grupo donde quiero ingresar.

- Hago un viaje mochilero a una región o más de Argentina, con dos tres amigos más en junio o en tal semana específicamente de este año, para lo que debo ahorrar tal cantidad y conseguir a los compañeros de viaje previamente.

- Adelanto las dos materias que dejé atrasadas, lo hago este mismo cuatrimestre que empieza y no las retiro, las sostengo y las apruebo.

- Aprendo el idioma que quiero, si no tengo el dinero, entonces puedo conocer gente de ese país a través de Facebook o grupos para intercambios culturales y hago amistad con ellos, y estudio también por mi cuenta por internet y practico el idioma con ellos, los veo al menos dos veces cada mes para charlar, incluso online o lo que más me guste. Lo hago desde el mes que empieza, mientras consigo el grupo y las personas.

- Hago un voluntariado con una población como niños o jóvenes, para sentirme útil y aprovechar mejor mis tiempos libres, al tiempo con concoer gente y del contexto del país donde estoy. Ubico el grupo o fundación donde quiero hacerlo y me inscribo al final de este cuatrimestre que ya falta poco, luego de los examanes me inscribo y empiezo.

- Asisto desde este domingo y en adelante a la iglesia a la que me invitaron u otra porque soy cristian@ pero no conozco mucha gente acá que lo sea y me he alejado y eso no me ha gustado, prefiero tener un grupo similar a mis creencias para compartir.

- Ahorro tanto dinero durante este año y hago el viaje a mi país o a donde haya elegido viajar en diciembre. Ahorro mensualmente al menos tal cantidad y además no compro más cosas con la tarjeta de crédito de acá en adelante para pagar con eso los pasajes.

Todos los puntos anteriores son solo ejemplos, para mostrar que las acciones deben tener una fecha de inicio y referirse a recursos concretos (grupos, iglesias, el equipo tal en específico) para que no se queden en solo ideas o buenas intenciones sino que se lleven a la realidad en lo concreto. Además un gran proyecto requiere varias acciones, por ejemplo si la intención es viajar a Estados Unidos seis meses para practicar inglés y conocer, entonces la gestión de acciones puede ser:

- Consigo un ingreso extra, puede ser un trabajo de fines de semana o haciendo un servicio por mi cuenta de asesoramiento a estudiantes, o ofreciendo un producto como sándwiches o lo que sea en mi universidad. Inicio esto el mes que viene y ahorro todo el dinero de eso en una cuenta o lugar por separado de mi demás dinero.

- Ahorro dejando de comprar con la tarjeta de crédito, y dejando de comprar cosas innecesarias que luego ni uso. Lo incio ya mismo y lo sostengo en adelante.

- Estudio inglés dos o tres veces por semana ya sea en instituto o por mi cuenta y practico en grupos para eso una vez cada 15 días o más, Lo inicio este mismo mes y lo sostengo.

- Hablo con mi familia a ver si me pueden apoyar con algún dinero para ese viaje, hablo con ellos este fin de semana.

- Estoy atento desde ahora a promociones de las aerolíneas, voy a agencias recomendadas para que me pasen las alertas de los mejores precios, y me inscribo en páginas para eso y una vez aparezca el mejor precio del pasaje lo compro!

Todos los puntos anteriores son solo ejemplos, cada quien organiza su gestión de acciones según cada caso y lo que quiera lograr.

Anotamos entonces que para algo concreto como tener un entorno agradable puedo hacer una sola acción con respecto a algo concreto, como ir a un grupo nuevo o hacer el voluntariado, pero también puedo hacer varias acciones para eso mismo que quiero, y definitivamente si lo que tengo en mente es lograr un proyecto más grande que implica haber conseguido más recursos y habilidades previamente, entonces debo hacer toda una línea de acciones consecutivas entre sí, esa como tal, es la gestión de acciones.

CONCLUSIÓN

Tal y como las distinciones del coaching ontológico nos enseñan; todo depende del punto de observador, de quien mira y con sus consideraciones o ideas "juzga" al entorno, las palabras, a las personas...ya sea de una forma positiva para sí misma o negativa.

Nunca estamos a "salvo" de hacer interpretaciones, podemos hacer el ejercicio de entender que estamos en nuestra interpretación y así salir de los juicios que no nos sirven, no debemos dejar que una interpretación que tenemos de momento de forma automática se convierta en un juicio que nos traiga situaciones chocantes por andar juzgando al entorno. Pero tampoco podemos no tener interpretaciones, o al menos, no resulta beneficioso, ya que también las hay que devienen positivos y te traen beneficios, tales como pensar que "este país es muy chévere", "acá hay muchas oportunidades". Claramente estas interpretaciones me sirven más que los juicios negativos donde me puedo sentir en un entorno agresivo, mis interpretaciones positivas las puedo ubicar como mis juicios positivos, ya que les doy el lugar de "buenas" y "beneficiosas", y así, bloqueo los juicios negativos o prejuicios sobre el entorno y la estadía en él.

¿Qué hacemos con las malas experiencias?

Quizás tú me preguntes esto, y te respondo- Lo que puedes hacer para cambiar el observador ante algunas experiencias malas que hayas tenido en el país de acogida, es considerar que en otros países y lugares también ocurren cosas como esa, y que así mismo, también ocurren cosas muy buenas, acá y en otros países. No es una cuestión del país en sí mismo, sino que son cosas que ocurren en todo lado, recuerda usar la comparación con tu propio país u otros países para comprender favorablemente un hecho, y no para meterte más en posición de victimez.

Así, ya estás con un mapa limpio para crear nuevas observaciones que sí te favorezcan y construir por medio de gestión de las acciones, un entorno agradable para ti.

Sin embargo, es importante aclarar, que el cambio debe ocurrir primero en tu percepción y luego sí dirigirte a tener nuevas experiencias, porque de nada te serviría si vas a generar nuevas experiencias desde el mismo observador y con las mismas emociones de inconformidad, porque resultarías con experiencias similares a las que quizás no te hayan gustado. Lo primero a cambiar es tu observador, una vez lo hayas logrado, tienes vía libre para crear las experiencias que vengan acordes a tu nueva observación.

Por ejemplo, si como nueva experiencia quieres ir a jugar futbol y tienes aún un observador desfavorable del entorno, puede ocurrir, que el mismo juego, los gritos, jugadas, incluso las faltas que quizás se cometan dentro del juego y demás... tú las intérpretes como impresionantes y apoyen tu observador negativo; en cambio sí primero cambias tu observador y vas a jugar futbol, y ocurren gritos, faltas y demás...tú vas a interpretar eso de una manera que no estés juzgando al entorno como "malo" o "feo" sino que sabrás que son cosas del juego y que en todo país y lugar pueden ocurrir, vas salir satisfecho de haber jugado y habiendo obtenido un nuevo entorno para ti.

Cómo ejercicio te propongo que siempre que tengas alguna emoción desfavorable con el entorno o país en el que estás, por ejemplo: "acá la gente es....grosera, o mala onda"; te preguntes desde donde estás teniendo esa observación. ¿Desde la victimez y la observación de juicio negativo? O ¿desde la creación de protagonismo y desde una distinción que te ayude a entender la situación?

Qué diferente es por ejemplo, ante una cuestión del lenguaje que es común en Argentina, que dicen " che, boludo, pasáme eso.....", si tu interpretas esto de manera negativa te haces daño, pero si haces el ejercicio de distinguirlo como algo normal y comparar que en tu país también se usan expresiones que a otros les parecen feas, puedes entender que no es algo negativo, sino una cuestión cultural, al igual que en tu país, muchas expresiones que a los extranjeros les pueden sonar muy mal. Por ejemplo, en Bogotá decimos "marica" para todo; es como "boludo", se dice entre amigos todo el tiempo y también dado el caso se usa para ofender un poco, aunque es una ofensa suave, como lo es también el "boludo" cuando se usa dentro de una pelea o situación similar. Entonces al distinguir que eso es algo normal y usar la comparación para abrir la posibilidad de entenderlo tú también como algo normal, estarás ganando un entorno más agradable y no sólo para ti sino para los demás también.

Todo depende de tu observación, quizás al principio te parezca algo extraño estar quitándote el juicio previo que tenías, pero vas a ir logrando hacerlo constantemente y verás lo mucho que aporta para tu vida en cualquier aspecto.

Espero que haya sido de provecho esta lectura y próximamente aportar con más y mejores cuestiones.

Pilar Coach
COACH IN, MI PROPIO COACH
(Página de Facebook)

Bibliografía

Ontología del Lenguaje

Daniel Echeverría

Cursada Axón Training,

Axón Training

Integración socio cultural y adaptación psicológica

Anna Zlobina. Darío Páez. 2004. Vitoria-Gasteiz, 2004.

Aculturación

John Berry, 1980

La adaptación cultural en estudiantes extranjeros

Salazar Salas, 2003

Estrategias de aculturación y adaptación psicológica y sociocultural de estudiantes extranjeros en la Argentina

Alejandro Castro Solano, 2011

I want morebooks!

Buy your books fast and straightforward online - at one of the world's fastest growing online book stores! Environmentally sound due to Print-on-Demand technologies.

Buy your books online at
www.get-morebooks.com

¡Compre sus libros rápido y directo en internet, en una de las librerías en línea con mayor crecimiento en el mundo! Producción que protege el medio ambiente a través de las tecnologías de impresión bajo demanda.

Compre sus libros online en
www.morebooks.es

OmniScriptum Marketing DEU GmbH
Bahnhofstr. 28
D - 66111 Saarbrücken
Telefax: +49 681 93 81 567-9

info@omniscriptum.com
www.omniscriptum.com

Made in the USA
San Bernardino, CA
22 February 2019